Wolfgang Steinig

Bilder von Steffen Sommer

Die Deutsche Nationalbibliothek verzeichnet die Publikation in der Deutschen Nationalbibliografie; detaillierte bibliografische Daten sind im Internet über portal.dnb.de abrufbar.

Bildnachweis:
Spiral Galaxy M81 von NASA/ESA, A. Zezas (CfA), and A. Filippenko (UC Berkeley) Acknowledgment: Hubble Heritage Team (STScI/AURA) & O. Fox (Univ. of California, Berkeley). Ein Ausschnitt des Bildes wurde für das Cover farblich verändert und teilweise übermalt.

Danksagung:
Lesbarkeitsanalyse von Kruber/Berten · lies-doch-einfach.de
Christian Stang für seine orthografischen Hinweise

Zur Leseförderung wurde der Text einfach lesbar gestaltet:
- große Schrift
- serifenlose Druckschrift
- kein Blocksatz
- Zeilentrennung nach Sinnabschnitten

© 2023 *isb* Institut für sprachliche Bildung – Fachverlag
Werbachstr. 16, 26121 Oldenburg · isb-oldenburg.de

Satz: Kurzi Shortriver · shortriver.de

Vollständige Ökoproduktion: klimaneutral auf zertifiziertem, 100 % Recycling-Papier mit Bio-Farben und erneuerbaren Energien gedruckt und versandt, dieUmweltDruckerei, Hannover

ISBN 978-3-94212244-3

Für Raphael

Seit vielen Jahren lebte Koni glücklich
auf einem winzigen Planeten am Rande der Milchstraße.
Die Luft war gut, das Wasser klar und
auf dem Boden wuchsen Pflanzen in allen Größen und Farben.

Durch die Luft flogen Schmetterlinge und Vögel
mit bunten Flügeln.
Im Wasser schwammen Fische mit schillernden Schuppen
und auf dem Land lebten große und kleine Tiere.
Manche sahen aus wie bei uns auf der Erde.
Aber es gab auch ganz andere,
die seltsam aussahen.

Wenn Koni durch den Wald ging,
musste er keine Angst vor ihnen haben.
Sie kamen neugierig hinter den Büschen hervor,
schauten ihn mit ihren großen Augen an und
ließen sich von ihm streicheln.

Er hatte ein gutes Leben.
Im Wald gab es genügend Bäume, an denen reife Früchte hingen.
Wenn er hungrig war, pflückte er sich die leckersten.
Er setzte sich ins Gras und aß sie mit Genuss auf.

Am liebsten mit seinem besten Freund, dem Fuchs.
Koni hätte eigentlich mit seinem Leben zufrieden und
glücklich sein können.

Auf der anderen Seite des Waldes lebte aber ein Drache,
vor dem alle Tiere Angst hatten. Wenn er hungrig war,
öffnete er sein riesiges Maul und spuckte Feuer in den Wald.
Die Bäume brannten lichterloh, bis nur noch
verkohlte Baumstümpfe und schwarze Asche übrigblieben.
Die Tiere, die nicht schnell genug flüchten konnten,
starben im Feuer.

Wenn sich der Rauch verzogen hatte,
lagen sie knusprig gebraten in der Asche.
Der Drache fraß sie mit lautem Schmatzen auf.
So verbrannten jeden Tag Tiere, Büsche und Bäume.
Der wunderschöne Wald wurde jeden Tag ein wenig kleiner.
Der Boden mit den verkohlten Baumstümpfen wurde immer
größer und immer mehr Tiere kamen im Feuer ums Leben.

Wenn Koni in den Himmel schaute und
den schwarzen Rauch vom Feuer aufsteigen sah,
wusste er, dass wieder ein Stück Wald verbrannt war.

Traurig setzte sich Koni neben seinen besten Freund,
den Fuchs. Er sagte: „Es dauert nicht mehr lange,
bis der ganze Wald und alle Tiere verbrannt sind."

„Ich kann mich in meinem Bau unter der Erde verstecken,
wenn der Wald brennt. Aber du musst fliehen,
sonst kommst du im Feuer um", warnte ihn der Fuchs.

„Aber wohin soll ich denn gehen?"

„Da ist doch noch das alte Raumschiff,
mit dem du vor langer Zeit mal geflogen bist.
Vielleicht funktioniert es noch."

„Du meinst, ich sollte mit ihm flüchten?"

„Ja, du fliegst mit ihm auf einen anderen Planeten,
wo es noch Wald gibt, frisches Wasser, gute Luft und
freundliche Tiere."

„Meinst du, dass es so einen Planeten wirklich gibt?"

„Du musst es versuchen. Hier kannst du jedenfalls nicht bleiben."

Schweren Herzens ging Koni mit dem Fuchs zur Lichtung,
wo sein altes Raumschiff stand. Es sah ziemlich verwahrlost aus.
Schlingpflanzen waren an ihm hochgewachsen.
Oben auf der Spitze brütete ein Vogel in einem Nest.
Ob man mit dem alten Kasten noch fliegen konnte?

Die Kabine war vollgestopft mit allen möglichen Geräten,
über die Koni klettern musste,
um auf seinen Sitzplatz zu gelangen.
Er überprüfte die Instrumente. Alles schien noch zu funktionieren.
Die Energie reichte für einen längeren Flug.
Bevor es losging, kam Koni noch mal heraus und
setzte sich mit dem Fuchs ins Gras. Keiner sagte ein Wort.
Aber Koni machte sich große Sorgen.
Werden wir uns jemals wiedersehen?
Wird sich mein Freund in seinem Bau vor dem Drachen
und dem Feuer retten können?
Warum kann ich ihn nicht mitnehmen?
Wird es mir gelingen,
einen Planeten zu finden, auf dem ich leben kann?

Oder muss ich bald wieder zurückkommen, weil ich keinen finde?
Oder weil mein Heimweh zu groß wird?

Alles offene Fragen, auf die beide keine Antwort hatten.
Koni streichelte den Fuchs noch einmal über sein weiches Fell.
Dann stieg er in sein Raumschiff, schloss die Tür und
zündete das Laser-Triebwerk.

Das Raumschiff fing an zu zittern und zu ruckeln.
Aus den Düsen schoss ein blaues Gas.
Dann hob es langsam vom Boden ab.
Erst ein paar Zentimeter,
dann immer schneller und nach hundert Metern
zischte es wie ein greller Blitz in den Himmel.
Der Fuchs schaute ihm traurig hinterher und
lief zurück zu seinem Bau, wo er sich verkroch.

Kaum zu glauben, aber mit diesem klapprigen Raumschiff
ist Koni tatsächlich losgeflogen.
Es war zwar alt,
aber doch immer noch viel schneller als die Raumschiffe,
die wir hier auf der Erde haben.

Denn das Laser-Triebwerk konnte zusätzlich noch
mit Anti-Materie beschleunigt werden.
Damit kam es fast auf Lichtgeschwindigkeit.

Kreuz und quer raste er damit durch die Milchstraße,
immer auf der Suche nach einem Planeten,
auf dem er leben könnte.

Aber fast alle waren unbewohnbar.
Entweder viel zu heiß oder viel zu kalt.
Oder es gab keine Luft zum Atmen,
kein Wasser zum Trinken und keine Pflanzen zum Essen.

Das Weltall ist unvorstellbar groß, schwarz und leer.
Von den Milliarden von Sternen in unserer Galaxie
gibt es aber einige wenige, die Planeten haben,
auf denen man leben könnte.

Nach langer Suche hat Koni tatsächlich
drei kleine Planeten gefunden,
wo er beinahe geblieben wäre …

Aber das erzähle ich euch später.
Zunächst möchte ich euch berichten,
wie wir uns kennengelernt haben.
Denn eines Tages ist dieser kleine Kerl auf unsere Erde gekommen.
Diesen Tag werde ich nie vergessen. Doch der Reihe nach.

Also, ich bin Mara, ich bin zehn Jahre alt und lebe
mit meiner Mutter, meinem Vater und meinem kleinen Bruder
in New York. Nicht im Zentrum, wo die Hochhäuser stehen,
sondern am Rande der Stadt, in einem Reihenhaus
mit einem kleinen Garten.

Es war ein kühler Frühlingsabend in den Osterferien,
als ich ihn zum ersten Mal sah. Es wurde schon dunkel,
als ich noch einmal in unseren Garten ging,
um unsere beiden Kaninchen zu füttern.
Sie hoppelten unruhig hin und her und wollten nicht fressen.
Und dann hörte ich hinter dem Kaninchenstall ein Geräusch.
Ich ging um den Stall herum und da sah ich ihn stehen.
Natürlich bekam ich einen riesigen Schreck und wollte laut schreien.
Aber er sah mich freundlich an,
legte seinen Finger auf den Mund
und verbeugte sich vor mir.

Da verbeugte ich mich auch und sagte „Hallo" zu ihm.
Wir schauten uns eine ganze Weile ruhig an.

Er war blass im Gesicht und sein kleiner Körper zitterte.
Ich glaube, ihm war kalt.
Da kam mir die Idee mit dem Baumhaus in unserem Kirschbaum,
das ich mit meinem Vater gebaut hatte.
Dort könnte er erst mal unterkommen.
Er kann sich dort hinlegen und mit einer Decke zudecken.
Ich ging also langsam zu meinem Baumhaus und kletterte die Leiter hoch.
Als ich oben war, winkte ich ihm, auch hochzukommen.
Und das tat er dann auch. Er hatte verstanden, dass ich ihm helfen wollte.
Oben angekommen, legte er sich gleich hin.
Er war wohl sehr müde.

Ich deckte ihn mit der Decke zu und kletterte leise die Leiter runter,
lief zu unserem Haus und holte Wasser, Brot und zwei Äpfel.
Aber als ich zurückkam, war er schon eingeschlafen.
In unserem Haus ging ich hoch in mein Zimmer.
Der kleine komische Kerl ging mir nicht aus dem Kopf.
Schade, dass ich ihn nicht fotografiert hatte.
Aber ich habe ein Bild von ihm gemalt. Also von Koni.
So heißt er nämlich, wie ich später von ihm erfuhr.

Koni
von
Proxima
Centauri

Mara

Am nächsten Morgen wollte ich gleich wieder zu ihm.

Doch er war nicht mehr im Baumhaus.

Das Wasserglas war leer, das Brot zur Hälfte gegessen und
die beiden Äpfel waren angeknabbert.

Vielleicht waren es Vögel, die im Baumhaus waren,
und ich hatte wirklich alles nur geträumt.

Doch da sah ich ihn an unserem Gartentor stehen.

Ich bin die Leiter runter und hinter ihm her.

Er war schon auf dem schmalen Weg vorangegangen,
Er wollte mir wohl etwas zeigen.
Es ging durch ein kleines Wäldchen mit dichtem Gestrüpp.
Und plötzlich sah ich es: sein Raumschiff!
Über das seltsame Aussehen von Koni
hatte ich mich schon sehr gewundert,
aber jetzt, als ich das Raumschiff sah, wusste ich:
Es ist tatsächlich ein Außerirdischer. Wahnsinn!
Und mit diesem Raumschiff war er auf die Erde gekommen.

Aber was will er bei uns? Ist er versehentlich hier gelandet?
Ist er allein oder kommen noch mehr
von diesen merkwürdigen Männchen auf die Erde?
Das musste ich irgendwie herausfinden.
Ohne miteinander sprechen zu können, wird das nicht einfach.

Als wir langsam wieder zu meinem Baumhaus zurückgingen,
kam mir die Idee: Ich versuche es mit einem Bleistift, mit Buntstiften
und Papier. Vielleicht kann er ja zeichnen.
Im Baumhaus habe ich immer meine Zeichensachen liegen.
Dort stört mich keiner, wenn ich etwas male.
Ich kann zwar nicht besonders gut malen, aber es macht mir Spaß,
mir Sachen auszudenken, die es gar nicht gibt.
Riesige Raumschiffe zum Beispiel mit Außerirdischen.

Aber jetzt saß hier ein Außerirdischer sogar neben mir.

Und sein merkwürdiges Raumschiff hatte ich auch gerade gesehen.

Also habe ich mit ein paar Strichen sein Raumschiff gezeichnet.

Als ich ihm die Zeichnung zeigte, schaute er sie sich lange an.

Dann nahm er sich meine Stifte und

zeichnete fünf Kreise auf das Blatt.

In einen größeren Kreis oben rechts malte er einen Baum.

Darunter saß ein Tier, das wie ein Fuchs aussah.

Dann nahm er einen roten Stift und malte damit ein Feuer.

Beim Malen sah er traurig aus,

stöhnte leise und eine Träne tropfte auf das Papier.

Da musste wohl was Schlimmes passiert sein.

Als er fertig war, drehte er das Blatt um,

damit ich es besser sehen konnte.

Dann nahm er den Bleistift und

machte einen dicken Punkt direkt neben dem Fuchs.

Von dort zog er eine Linie zu seinem Raumschiff.

Dann ging die Linie weiter zum zweiten Kreis, den er braun ausmalte.

Von dort zum dritten mit blauer und roter Farbe.

Dann zum vierten mit einer Hütte und

schließlich zum letzten, dem größten Kreis.

Als er ihn malte, zeigte er nach unten auf unseren Garten.

Dann war er fertig und gab mir das Blatt zurück.

Ihr ahnt wahrscheinlich schon, was mir Koni

mit den Kreisen und den Strichen zwischen den Kreisen sagen wollte.

Ich musste etwas länger nachdenken, bis ich darauf kam.

Die Kreise sollen Planeten sein, die er alle besucht hatte,

bevor er auf der Erde hinter unserem Haus gelandet ist.

Und der Planet mit dem Baum, dem Fuchs und dem Feuer,
das ist wohl der Planet,
von dem er losgeflogen ist.
Sein Heimatplanet.

Dort musste ein großes Feuer den Wald zerstört haben,
sonst hätte er wohl seine Heimat nicht verlassen.
Und er wäre auch nicht so traurig gewesen,
als er den Baum, den Fuchs
und das Feuer gemalt hat.
Die Zeichnung ist also ein Plan
von seiner langen Reise durch unsere Galaxie:
von seinem Heimatplaneten
zu drei anderen Planeten und
dann zu unserer Erde.

Ich nahm das Blatt,
zeigte auf den ersten Kreis und fragte ihn,
was da los war.
Was war das für ein Planet?

Er nahm sich daraufhin ein neues Blatt und
zeichnete gelben Sand und braune Steine,
darüber eine riesige Sonne.

Unter einem Felsblock saß ein Roboter,
der wie ein kaputter Ritter aus Blech aussah.
In seiner linken Hand hielt er ein Handy,
das mit einem Solar-Panel verbunden
und mit einem Kabel an seinem Körper befestigt war.

Das war also der erste Planet, auf dem Koni gelandet war.
Aber wie sollte er dort leben?
Nur Sand, ein Roboter und darüber eine heiße Sonne.
Koni verzog sein Gesicht und schüttelte sich.

Ich zeichnete eine Regenwolke in den blauen Himmel,
aber die hat er sofort mit einem Stift durchgestrichen.
Also gab es dort keinen Regen und kein Wasser zum Trinken.
Nur Roboter, die kein Wasser brauchen und
ihren Strom aus der Sonne ziehen, können dort leben.
Koni nickte heftig. Ich hatte ihn wohl richtig verstanden.
Für Roboter ist es sogar gut, wenn es nicht regnet,
denn dann rosten sie nicht.
Und mit der heißen Sonne können sie ihren Akku aufladen.
Aber Wesen aus Fleisch und Blut
können auf diesem Planeten nicht überleben.
Also musste Koni weiterfliegen – auf der Suche
nach einem besseren Planeten.

Er nahm ein neues Blatt und malte die untere Hälfte blau aus.
Da hinein zeichnete er mit einem schwarzen Stift Wellen.
Aha, auf diesem Planeten gab es also Wasser.
Aber dann nahm er einen roten Stift und
malte mehrere Feuer in das blaue Meer.
Auf dem Meeresgrund gab es wohl Vulkane, die Feuer spuckten
und das Meer zum Kochen brachten.
Nirgendwo Land, nur kochendes Wasser und feuerspeiende Vulkane.
Ich schaute Koni fragend an: „Hier konntest du doch nicht
mit deinem Raumschiff landen. Da gibt es ja nicht mal eine Insel."

Er nickte und zuckte mit den Schultern.

Die Reise zu diesem Planeten war vergeblich gewesen.

Er musste durchstarten: weg von hier und

einen besseren suchen – einen, auf dem man gut leben kann.

Hier seht ihr seine Zeichnung von dem Wasserplaneten.

Koni nahm ein neues Blatt. Aber jetzt zeichnete er keinen Kreis,

sondern merkwürdige Typen.

Jedenfalls waren das keine Menschen.

Sie saßen an gedeckten Tischen und unterhielten sich angeregt miteinander.
So wie bei uns an einem sonnigen Tag in einem Biergarten.
Ich schaute Koni fragend an: „Gibt es auf diesem Planeten ein Restaurant,
wo man sich treffen kann? Aber sonst nichts?"

Er nickte heftig.

„Dort konntest du wahrscheinlich auch nicht bleiben?"

Wieder hat er genickt.

Wie ich später von ihm erfuhr,
kommen dort die Außerirdischen gerne vorbei,
um sich mit anderen zu treffen und Informationen auszutauschen:
Wo mal wieder ein Stern explodiert ist,
wo ein Schwarzes Loch viele Sonnen geschluckt hat
und wo die Strahlung tödlich ist. Und auch, wo es friedlich ist,
wo gerade kein Krieg herrscht und man gut leben kann.

In diesem Restaurant musste Koni den Tipp bekommen haben,
zur Erde zu fliegen.

Von allein wäre er wohl nicht darauf gekommen,
denn aus dem Weltall sieht unsere Erde vollkommen blau aus.
Man könnte denken, unser blauer Planet würde nur aus Wasser bestehen.
Nicht alle Außerirdischen wissen, dass es auf der Erde auch Land gibt.
Bestimmt hat Koni einen Schreck bekommen,
als er sich der Erde näherte und zunächst nur Wasser sah.
Aber dann entdeckte er die Küste von Amerika und als er noch näher kam,
die Freiheitsstatue und die Wolkenkratzer von New York.

Jedenfalls ist er jetzt hier in unserem Garten,
wo er aber nicht bleiben kann.
Wenn meine Eltern oder die Nachbarn ihn sehen,
holen sie sofort die Polizei.
Die würde dann bestimmt die Armee alarmieren.

Und die würde mit Maschinenpistolen und Netzen anrücken.

Man würde ihn fangen und einsperren, weil man Angst hätte,

dass er uns mit gefährlichen Viren anstecken könnte.

Man würde ihm Blut abnehmen und

alle möglichen medizinischen Experimente mit ihm machen.

Schließlich würde er in einem Zirkus oder in einer Show in Las Vegas landen.

Er wäre dort eine große Attraktion,

wofür die Leute viel Geld bezahlen würden.

Aber Koni würde fürchterlich leiden und bald vor Kummer sterben.

Also Vorsicht! Vor Erwachsenen muss er sich versteckt halten.

Hier in unserem Garten müsste er in ständiger Angst leben,

entdeckt zu werden.

Ich glaube, er hatte meine Gedanken erraten.

Fragend schaute er mich an.

„Wenn ich hier nicht bleiben kann, wo denn dann?",

wollte er wohl sagen.

„Komm mit", sagte ich und stieg die Leiter von unserem Baumhaus hinunter.

Wir gingen durch das Gartentor auf dem schmalen Pfad

zu seinem Raumschiff und dann weiter den Hügel hinauf,

wo man eine gute Aussicht hat.

Wir setzten uns ins Gras und schauten uns lange die Gegend an.

Nicht weit von uns war eine sechsspurige Autobahn,
rechts dahinter ein Kohlekraftwerk und
bis zum Horizont ein Meer voller Häuser.
Wo sollte Koni hier einen Platz finden, wo er bleiben kann?

Es war aussichtslos. Bevor wir gingen, zeigte er noch auf die Autos
und das Kraftwerk und hustete dabei.
Das sollte wohl heißen, dass die Abgase schlecht für seine Atmung sind.
Da habe ich auch gehustet und wir haben beide gelächelt.
Man kann sich auch mit Husten verständigen.

Wir gingen langsam den Pfad zurück,
bis wir wieder zu seinem Raumschiff kamen.

„Du möchtest bestimmt einen besseren Platz auf unserer Erde finden
als hier in New York", sagte ich und er nickte.
Koni verbeugte sich vor mir und reichte mir seine kleine Hand zum Abschied.
Er kletterte hinein und machte die Luke hinter sich zu.
Das Raumschiff begann zu zittern, zu brummen und zu pfeifen.
Und dann schoss es plötzlich nach oben und
verschwand mit einer unglaublichen Geschwindigkeit
hinter den Wolken.
Ich ging traurig nach Hause, konnte nichts essen und
ging gleich in mein Zimmer.

Koni umkreiste dreimal die Erde,
immer auf der Suche nach einer Gegend,
wo er sicher und zufrieden leben könnte.
Möglichst in einer Gegend, wo nur wenige Erwachsene leben.

Schließlich flog er über die Wüste Sahara.
Unter sich nur Sand und Steine.
Dort, am Rande der Wüste,
wo noch ein paar Büsche und Bäume wachsen, landete er.
Als er ausstieg, war es so heiß, dass er kaum atmen konnte.
Keine Häuser und keine Menschen weit und breit.
Nur Sand, dornige Büsche und vertrocknete Bäume.

„Wo bin ich bloß gelandet?", fragte sich Koni und setzte sich
neben einen der verdorrten Büsche,
um ein wenig Schatten zu bekommen.

„Am Rande der großen Wüste Sahara", zischte ihm eine Schlange zu,
die sich langsam aus dem Busch schlängelte.

Koni schaute die Schlange irritiert an,
fasste sich aber rasch und fragte: „Gibt es denn hier keine Menschen?"

„Hier haben früher mal Menschen gelebt.
Aber dann ist es immer heißer geworden.
Da sind die Menschen geflohen."

„Ich bin auch geflohen, weil ein Drache den Wald verbrennt", sagte Koni.

„Hier verbrennt die Sonne alle Pflanzen.
Es hat schon seit Jahren nicht geregnet.
Hier kann man nicht mehr leben", zischte die Schlange.

Und dann ganz leise:
„Auch ich bin gefährlich."

So eine Angeberin, dachte Koni, und sagte zu der Schlange:
„Mach dich nicht lächerlich. Der Drache auf meinem Planeten ist gefährlich.
Du kannst mir keine Angst machen. Du bist doch nur ein dicker Wurm."

„Aber ich habe ein Gift,
das dich schneller zu einem anderen Stern bringen kann
als dein Raumschiff."

„Na, so was!", sagte Koni, „aber ich will hier nicht weg.
Vielleicht gibt es ja auf diesem großen Planeten doch noch eine Gegend,
wo ich bleiben kann. Dort, wo es kühler ist."

„Dann musst du ganz weit in den Norden fliegen, nach Grönland.
Dort ist es immer kühl, auch im Sommer."

„Danke", sagte Koni
und streichelte die Schlange.
„Du bist ein liebes Tier."

Die Schlange zischte irgendetwas verlegen vor sich hin
und öffnete ihr Maul ganz weit,
so dass man ihre beiden Giftzähne sehen konnte.
Dann verschwand sie blitzschnell hinter ihrem Busch.

Das ist also der Rand der Wüste Sahara,
wo es schon lange nicht mehr geregnet hat, dachte Koni.

Die Bäume und Sträucher verdorren und
die Wüste wird immer größer.
Hier kann ich nicht bleiben,
hier ist es viel zu heiß.
Er ging zu seinem Raumschiff, stieg ein und flog nach Norden,
dort, wo es hoffentlich kühler war.
Er flog über ein großes blaues Meer, den Atlantischen Ozean.

Schließlich sah er am Horizont einen dicken, weißen Streifen.
Das war die mächtige Eisschicht, die die Insel Grönland
wie einen Panzer bedeckt.
Gleich an der Küste auf einem Felsen am Strand landete er.

Koni kletterte heraus und schaute sich um.
Vor ihm lag das Meer, auf dem dicke Eisbrocken schwammen.
Und hinter ihm, gleich nach dem felsigen Strand,
türmten sich die riesigen Eismassen auf,
die ganz Grönland bedecken.

Auf dem felsigen Strand lagen Geröll und Eisbrocken,
die abgebrochen und heruntergestürzt waren.
An einigen Stellen wuchs auch ein wenig Moos.
Es war windig und kalt. Über ihm kreischten Möwen.
Menschen waren keine zu sehen.

Aber als er sich umdrehte,
stand plötzlich ein Eisbär vor ihm.
Er musste sich von hinten angeschlichen haben.

Koni schaute ihn verwundert an. „Wer bist du?", fragte er.

„Ich bin ein Eisbär. Hast du keine Angst vor mir?"

„Angst hatte ich vor dem feuerspeienden Drachen auf meinem Planeten.
Aber doch nicht vor dir."

„Alle Menschen haben Angst vor Eisbären. Sie schießen auf uns."

„Aber ich bin kein Mensch und ich kann auch nicht schießen."

Der Eisbär brummte erleichtert: „Dann werde ich dich auch nicht fressen."

„Da bin ich aber beruhigt", sagte Koni und streichelte sein dichtes Fell.
„Du hast sicherlich Angst, dass du von den Menschen erschossen wirst."

„Ja, die habe ich. Aber noch größer ist meine Angst, dass es wärmer wird."

„WAS? Davor hast du Angst? Hier auf Grönland ist es mir viel zu kalt.
Es wäre doch schön, wenn es hier wärmer wäre."

„Nein", sagte der Eisbär, „dann schmelzen die Eisschollen,
die auf dem Meer treiben.

Dann kann ich nicht mehr darauf stehen und Robben fangen.
Ich müsste verhungern."

„Aber alle anderen würden sich freuen, wenn das Eis schmilzt und
hier Pflanzen wachsen könnten.
Dann würde ich nämlich hierbleiben."

„Nein, ich denke dabei nicht nur an mich.
Ich denke an die ganze Erde.
Denn wenn es hier wärmer wird,
schmelzen die riesigen Eismassen auf Grönland und
das Meer steigt immer höher. Überall auf der Welt."

„Wenn das so ist, dann wäre das schlimm.
Dann müssten alle Menschen, die am Meer leben, Angst haben,
dass ihre Häuser vom Meer verschluckt werden.
Auch die Leute in New York, wo Mara lebt."

„Eigentlich müssten alle Menschen auf der Erde Angst haben,
aber sie wollen nicht an die Gefahr denken.
Oder sie denken, es wird schon nicht so schlimm kommen."

„Kann man denn irgendetwas tun, damit es nicht immer wärmer wird?
In der Wüste Sahara, hier auf Grönland und überall auf der Erde?"

„Ja, man kann etwas tun", sagte der Eisbär.
„Die Menschen dürfen keine Kohle, kein Öl und kein Gas mehr verbrennen.
Die dreckige Luft legt sich wie ein schmutziger Schleier um die Erde
und hält die warme Luft auf dem Boden.
Die Wärme kann schlechter in den Weltraum entweichen.
Deshalb wird es immer heißer auf der Erde."

„Das ist wirklich gefährlich", sagte Koni.
„Aber warum sind die Menschen bloß so dumm und ändern das nicht?"

„Einige Menschen können mit Kohle, Öl und Gas sehr viel Geld verdienen.
Ihnen ist es egal, dass sie damit der Erde schaden.
Wenn sie immer reicher werden, vergessen sie,
dass das Verbrennen von Kohle, Öl und Gas
auch für ihr eigenes Leben schlecht ist.
Denn wenn die Luft schmutzig und immer heißer wird,
kann man schlechter atmen, wird krank und stirbt früher."

„Denken denn alle Menschen immer an das Geld?", fragte Koni.

„Die Kinder noch nicht. Sie leiden am stärksten unter der schlechten Luft.
Vielleicht kannst du ihnen ja helfen?"

„Ja, vielleicht zusammen mit Mara."

„Das wäre schön", sagte der Eisbär. „Hier kannst du jedenfalls nicht bleiben."

„Ich werde noch einmal um die Erde fliegen,
bis ich einen Platz gefunden habe, wo es Wald gibt, wie bei mir zu Hause."

„Dann flieg zum Amazonas nach Südamerika.
Dort ist der größte Urwald auf dieser Erde."

Der Eisbär sprang vom Ufer auf eine Eisplatte, die im Meer schwamm,
und von dort auf die nächste Eisplatte und dann auf die nächste.
Dort blieb er ruhig stehen, schaute ins Wasser und
lauerte auf einen guten Fang.

Koni war es in dem Gespräch mit dem Eisbären richtig kalt geworden.
Er stieg in sein Raumschiff, machte die Heizung an,
drückte den Zündknopf und ab ging es in höchster Geschwindigkeit
nach Süden, zum Amazonas.

Schon nach wenigen Minuten schwebte er über dem riesigen Waldgebiet.
Dort standen die Bäume so dicht, dass er lange keinen Platz fand,
wo er landen konnte. Schließlich entdeckte er eine Lücke an einem Fluss,
gerade groß genug für eine Landung.
Als er näher kam, sah er einen Dorfplatz mit kleinen Hütten.
Dort standen Menschen, die zu ihm hochschauten und
mit Speeren, Blasrohren, Pfeilen und Bögen auf ihn zielten.

Die Erde ist ein gefährlicher Planet, dachte Koni.
Erst will mich eine Schlange töten, dann fragt mich ein Eisbär,
ob ich keine Angst vor ihm hätte, und jetzt zielen diese Menschen
hier im Urwald mit ihren Waffen auf mich.

Aber ich werde trotzdem auf ihrem Platz da unten landen.
Mal sehen, was passiert. Ich habe keine Angst.
Koni drosselte die Düsen und setzte zur Landung an.

Als das Raumschiff näher kam,
ließen die Menschen vor Schreck ihre Waffen fallen.
Ungläubig starrten sie auf das Raumschiff,
das mit lautem Zischen mitten auf ihrem Dorfplatz landete.

Es ruckelte und pfiff noch ein wenig, dann war alles still.
Die Luke ging quietschend auf und Koni kam langsam heraus.

Die Leute hielten den Atem an.
Was war das für ein merkwürdiger kleiner Kerl?
Kam er aus einer anderen Welt?
Ausgerechnet zu ihnen, mitten im Urwald?
Ängstlich starrten sie ihn an.
Koni ging vorsichtig auf sie zu.
Als er sich vor ihnen tief verbeugte, löste sich langsam die Spannung.

Eine Frau gab ihm eine Schale mit frischem Wasser.
Er nahm sie dankend an und trank daraus.
Man führte ihn zu einer Hütte, wo er sich ausruhen konnte.
Er sollte sich bei ihnen wohlfühlen.

Als er am nächsten Tag aufwachte, begrüßten sie ihn freundlich
und brachten ihm Essen und Trinken.

Es schien ihm, als fühlten sie sich geehrt,
Besuch von einem Außerirdischen zu bekommen, noch dazu von einem,
der so bescheiden und freundlich war.
Koni zeigte ihnen sein Raumschiff.
Besonders die Kinder interessierten sich dafür.
Sie bestaunten all die vielen Knöpfe und Hebel und mussten viel lachen.
Es war für Koni einfach schön, mit diesen Menschen zusammen zu sein.
Hier fühlte er sich sicher, denn sie behielten das Geheimnis,
einen solch außergewöhnlichen Gast zu haben, für sich.

So beschloss er, bei ihnen zu bleiben,
denn der Wald am Amazonas erinnerte ihn stark
an den Wald auf seinem Planeten.

Jeden Tag ging er in ihn hinein und beobachtete die Tiere,
die für ihn alle neu waren. Sie hatten keine Angst vor ihm,
denn er sah anders aus und roch anders als die Menschen,
die auf sie Jagd machten.
Sie kamen zutraulich auf ihn zu und beschnupperten ihn.
Und er konnte sich mit ihnen immer besser verständigen.
Die Kinder spielten gerne mit ihm.
Und er machte gerne mit.
Etwa wenn er sich in seinem Raumschiff versteckte und
sie ihn überall suchten.

Er war so klein wie sie,
aber er kam aus dem Weltraum und
hatte so viel mehr gesehen
und erlebt als ihre Eltern.
Alles Mögliche wollten sie von ihm wissen.

So lernte er mit den Kindern bald ihre Sprache und verstand,
wie menschliche Sprachen funktionieren.
Abends setzte er sich mit den Erwachsenen zusammen.

Sie erzählten ihm von ihrem Leben: von den Früchten,
die sie im Wald sammelten, und von ihrer Jagd.
Und er erzählte ihnen von seinem Planeten und von dem Drachen,
der alles zerstört hatte.

Das mit dem Drachen interessierte sie besonders,
denn auch der riesengroße Urwald am Amazonas sei bedroht.
Zwar nicht von einem Drachen, aber von fremden Menschen,
die die wertvollen Bäume fällen und die übrigen Pflanzen verbrennen.
Es sei schrecklich.
Sie versuchten, dagegen zu kämpfen, aber es sei schwierig.
Koni verstand nicht genau, was sie meinten,
aber bald sollte er es selbst erfahren.

Koni lebte mit diesen freundlichen Menschen am Amazonas
über viele Wochen und Monate glücklich und zufrieden.
Hier, tief im Urwald hatte er endlich einen Platz gefunden,
wo er gut leben konnte.
Nur seinen Freund, den Fuchs, vermisste er.
Er machte sich Sorgen, wie es ihm wohl geht,
wenn der Drache jeden Tag mehr vom Wald verbrennt.

Aber eines Tages als er wieder allein durch den Wald ging,
roch die Luft nach verbranntem Holz.
Genau der gleiche Geruch,
der ihm früher auf seinem kleinen Planeten in die Nase gestiegen war.

Er ahnte nichts Gutes.
Hier in den Wäldern am Amazonas lebt doch kein feuerspeiender Drache,
der alles verbrennt.
Was war da los?

Er beschloss, der Sache auf den Grund zu gehen,
und ging in die Richtung, woher der Rauch kam.
Nach einer Stunde mühsamer Wanderung durch den dichten Urwald sah er,
was los war.

Genau wie auf seinem Planeten war
ein großes Stück vom Wald niedergebrannt.
Übrig geblieben waren nur noch verkohlte Baumstümpfe und graue Asche.
An einigen Stellen brannte es noch.
Es war ein trauriger Anblick.
Er konnte zwar keinen feuerspeienden Drachen entdecken,
aber einen riesigen Bagger, der Baumstümpfe aus dem Boden riss.

Als er abends zurück in sein Dorf kam und
den Männern davon erzählte, senkten sie ihre Köpfe.

„Ja", sagten sie, „das haben wir auch schon gesehen,
aber wir wollten es dir nicht sagen, um dir keine Angst zu machen.
Die Fremden kommen mit Baggern, Lastwagen und Kettensägen.
Zuerst fällen sie die wertvollen Bäume und bringen sie in Sägewerke.
Dann legen sie Feuer, damit die kleinen Bäume und Büsche verbrennen.
Nach einiger Zeit wächst dann Gras auf dem gerodeten Waldboden.
Darauf können dann Rinder weiden. Sehr viele Rinder.
Die werden geschlachtet. Mit ihrem Fleisch kann man viel Geld verdienen."

Sie hatten ihm schon früher kurz davon erzählt,
aber jetzt hatte er es selbst gesehen und verstanden,
was mit dem Wald passiert.
Koni erinnerte sich, was ihm der Eisbär erzählt hatte.
Offenbar können Menschen nicht nur mit Kohle, Öl und Gas reich werden,
sondern auch mit Holz und mit Fleisch.

„Ja", sagten die Männer, „es ist immer das Geld.
Das macht die Menschen gierig.
Wenn sie mit Holz und Fleisch reich werden, ist es ihnen egal,
wenn der Wald kaputt geht.

Aber wenn es den Wald nicht mehr gibt,
fällt weniger Regen, die wilden Tiere, die Vögel und
die Insekten sterben und die Luft wird schlechter.
Die Bäume halten nämlich die Luft sauber, kühl und feucht."

„Aber was können wir denn dagegen tun?", fragte Koni.

„Wir haben schon alles versucht, aber die Regierung hört nicht auf uns.
Sie hört auf die wenigen reichen Leute in den Städten,
die damit ihr Geld verdienen. Wir kommen nicht dagegen an.
Die Waldzerstörer sind brutal. Sie haben Pistolen und Gewehre.
Wenn wir uns wehren und dagegen protestieren, schießen sie auf uns."

„Aber wenn sie schon so nah sind, dann werden sie bald hier sein",
sagte Koni. „Sie werden uns mit Gewalt vertreiben, vielleicht sogar töten."

Da wurden die Männer unruhig. Die Jüngeren schrien:
„Wir werden um unser Land kämpfen!"

Die Älteren warnten:
„Ein Kampf gegen die Waldzerstörer ist sinnlos. Es sind zu viele!
Wir haben keine Chance gegen sie."

Die Männer standen unschlüssig im Kreis und redeten wild durcheinander.
Was sollten sie tun?
Bleiben und kämpfen oder fliehen?

Während die Männer noch diskutierten,
hatten die Frauen schon etwas zum Essen, Werkzeuge und
Schmuck in Körbe gepackt und die kleinen Kinder in Tücher eingewickelt,
um sie auf dem Rücken tragen zu können.
Als die Männer sahen, dass die Frauen fliehen wollten,
nahmen auch sie ihre Geräte und Waffen,
um mit ihren Frauen und Kindern das Weite zu suchen.

„Ich werde nicht mit euch kommen", sagte Koni.
„Ich fliege zurück zu meinem Planeten und zu meinem Freund, dem Fuchs."

Sie nickten stumm und schauten ihn ein letztes Mal ernst und traurig an,
bevor sie im Wald verschwanden.

Koni grub ein paar Baumsprösslinge mit ihren Wurzeln aus und
brachte sie in sein Raumschiff, um sie auf seinem Planeten zu pflanzen.
Und dann zog er noch eine Sonnenblume aus der feuchten Erde,
um dem Fuchs eine Freude zu machen.

Bevor er sein Raumschiff startete, kam ihm der Gedanke,
zuvor noch nach New York zu fliegen, um Mara zu treffen.
Er wollte ihr erzählen, was er in der Wüste von der Schlange und
auf Grönland von dem Eisbär gehört und
was er am Amazonas selbst erlebt hatte.

Die Erde sei in großer Gefahr, immer heißer zu werden.
Vielleicht hatte Mara eine Idee, was man tun könnte, um sie zu retten.
Also flog er geradewegs nach New York.

Er landete auf dem gleichen Platz in der Nähe von Maras Haus,
ging in ihren Garten und kletterte in ihr Baumhaus.
Er musste nicht lange warten,
bis Mara aus dem Haus kam,
um ihre Kaninchen zu füttern.
Sie hoppelten unruhig hin und her und wollten nicht fressen.

Da erinnerte sich Mara an den Tag,
als sie Koni hinter dem Stall entdeckt hatte.
Unwillkürlich schaute sie hoch zu ihrem Baumhaus.
Und tatsächlich: Da stand er und winkte ihr zu.

Mara stieß vor Freude einen kurzen Schrei aus,
ließ die Schale mit dem Futter fallen,
rannte zum Kirschbaum,
kletterte die Leiter hoch und nahm Koni in ihre Arme.

Auf den nächsten Seiten könnt ihr von Mara selbst lesen,
was dann an diesem verrückten Tag passiert ist.
Sie hat alles aufgeschrieben, damit sie es nie vergisst.

Wir waren glücklich, uns wieder zu sehen.
Und was noch schöner war: Koni konnte sich nun mit mir unterhalten.

Weil er die Sprache der Leute am Amazonas gelernt hatte,
wusste er, wie die Sprachen der Menschen mit ihren Wörtern und
der Grammatik funktionieren. Ihm fehlten zwar oft Wörter, aber das,
was er sagen wollte, konnte er jetzt mit meiner Hilfe auf Englisch sagen.
Wir setzten uns und er fing an zu erzählen,
was er alles auf seiner Reise erlebt hatte.
Von der Schlange am Rand der Wüste, wo es so heiß geworden war,
dass dort keine Menschen mehr leben können.
Von dem Eisbären auf Grönland, wo es zwar immer noch kalt ist,
aber jedes Jahr wärmer wird.
Und schließlich dann von seiner schönen Zeit im Regenwald am Amazonas,
wo er mit Menschen leben konnte, die ihn geliebt haben.

„Aber dann sind Männer mit Waffen gekommen, haben die Bäume gefällt
und den Wald gerodet. Wer dort blieb, wurde vertrieben oder getötet."

„Aber warum machen sie das?", fragte ich ihn.

„Sie wollen, dass auf der verbrannten Erde Gras wächst,
damit dort Rinder weiden können. Denn Rinder kann man gut verkaufen.
Man schlachtet sie und macht daraus Rindfleisch.
Die Menschen essen einfach viel zu gerne Fleisch."

„Du bist geflohen, weil sie auch dich getötet hätten?"

„Ja, sicher! Mir blieb nichts anderes übrig.
Als ich sah, wie der Wald zerstört wird,
habe ich an meinen Planeten gedacht,
wo der Wald auch in Flammen aufgegangen ist.

Und an meinen Freund, den Fuchs,
der Angst um sein Leben hat."

„Aber wenn auf deinem Planeten immer noch der Drache wütet,
dann kannst du doch nicht dorthin zurück."

„Doch, ich muss! Aber vorher wollte ich noch zu dir, um dich zu warnen."

„Mich zu warnen? Hier in New York leben wir doch ganz gut.
Hier ist es weder zu heiß noch zu kalt und
hier wird auch kein Wald abgebrannt."

„Jetzt ist es noch ganz schön hier, das stimmt.
Aber wenn es auf der Erde immer wärmer wird,
schmilzt das viele Eis in Grönland.
Und dann steigt das Wasser im Meer,
bis irgendwann auch die Häuser in New York im Wasser versinken.
Es dauert zwar noch lange, bis es so schlimm wird,
aber man muss jetzt etwas tun, damit das Meer nicht weiter ansteigt."

„Aber was können wir denn dagegen tun?"

„Der Eisbär hat mir gesagt, es sei die schmutzige Luft, die von den Autos,
den Fabriken und den Kraftwerken in den Himmel gepustet wird."

„Ja, ich erinnere mich. Unsere Lehrerin hat uns das auch mal erklärt.
Es ist ein Gas, das heißt CO_2. Davon gibt es zu viel,
weil man seit zweihundert Jahren Kohle, Öl und Gas verbrennt.
Jedes Jahr mehr. Ich hatte das schon längst wieder vergessen.

Es gibt so viele Dinge, an die man denken muss.
An meine Kaninchen, meine Freunde, die Schule, den Sportverein.
Da kann man das schmutzige Gas leicht vergessen.
Man merkt ja auch noch nichts davon.
Nur dass die Sommer in den letzten Jahren immer wärmer geworden sind."

„Das Klima verändert sich langsam.
Manche freuen sich sogar darüber, dass es wärmer wird.
Und das Meer ist bisher auch kaum angestiegen.
Aber man muss jetzt etwas tun, bevor es zu spät ist."

„Was kann ich schon als Kind dagegen tun?
Auf mich würde doch niemand hören.
Vielleicht aber auf dich, denn du kommst von einem anderen Stern.
Dich würden die Menschen vielleicht ernst nehmen."

„Aber du hast doch selbst gesagt, dass ich nicht in New York bleiben kann,
weil die Erwachsenen mich fangen und einsperren würden.
Wenn sie einen Außerirdischen sehen, drehen sie bestimmt durch.
Ich kann mich doch nicht einfach auf die Straße stellen und mit ihnen reden.
Dann würde der Verkehr zusammenbrechen."

„Vielleicht gibt es doch eine Möglichkeit. Ich habe da so eine Idee,
wie du zu den Menschen sprechen könntest.

Hier in New York gibt es nämlich die UNO. Das ist ein großes Gebäude,
wo alle Regierungen aus allen Staaten der Erde ihre Vertreter sitzen haben.
An bestimmten Tagen treffen sie sich in einem riesigen Saal.
Da werden Reden gehalten, in denen es um Krieg und Frieden und
um die Zukunft unserer Erde geht. Dort müsstest du sprechen."

„Aber wie soll das gehen? Vor so vielen Erwachsenen?"

„Schau mal: In der UNO findet jetzt gerade eine große Versammlung statt,
eine Generalversammlung.
Da kommen Präsidenten und Diplomaten aus der ganzen Welt,
um über das Klima zu sprechen.
Jedenfalls habe ich das im Internet gelesen.
Dort müsstest du eine Rede halten."

Koni verstand zunächst gar nichts.
Von der UNO hatte er noch nie etwas gehört.
Und eine Rede vor vielen Menschen halten? Das wäre doch gefährlich.
Man könnte ihn schnappen und einsperren.

Ich versuchte, ihn zu beruhigen und erklärte ihm meinen Plan.
Sicherlich war die Aktion gefährlich.
Es konnte so viel schiefgehen.

Aber schließlich war Koni einverstanden.
Gleich morgen sollte es losgehen.

Als ich am nächsten Tag vor der Schule meine Kaninchen fütterte,
stand Koni bereits hinter dem Stall.

„Geh schon mal vor zu deinem Raumschiff, ich komme gleich nach",
flüsterte ich ihm zu. „Ich geh vorne aus unserem Haus,
damit meine Eltern denken, ich ginge zur Schule."

Ein paar Minuten später war ich dann auch beim Raumschiff.
Wir stiegen in die Kabine. Ich hockte mich hinter seinen Sitz.
Es sollte ja nur ein kurzer Flug werden: zum Hauptquartier der UNO,
in einem Wolkenkratzer im Zentrum von New York, in Manhattan.

Ich war unglaublich aufgeregt.
Ich bin zwar schon einmal mit einem Flugzeug geflogen,
aber natürlich noch nie mit einem Raumschiff.
Flüge in Raumschiffen kannte ich nur
aus Science-Fiction-Filmen wie Star Wars,
aber die waren alle sehr viel größer als dieses komische Raumschiff,
das eher wie eine bunte Käseglocke aussah.
Wie das so rasend schnell fliegen konnte, war mir ein Rätsel.
Ich machte vor Angst die Augen zu, als Koni das Ding startete.

Ich hörte ein leises Pfeifen, dann wurde ich
durch die enorme Beschleunigung auf den Boden gedrückt.
In höchster Geschwindigkeit ging es in die Luft
geradewegs zum Wolkenkratzer der UNO.

Wir landeten oben auf dem flachen Dach und stiegen aus.
Mir war etwas schwindelig und meine Beine zitterten.
Zum Glück war die einzige Tür oben auf dem Dach nicht abgeschlossen.
So konnten wir in das Gebäude kommen.
Ich setzte Koni meine grüne Kappe auf,
damit er nicht gleich als Außerirdischer erkannt wird.

Dann gingen wir eine schmale Treppe runter bis zu einem kurzen Flur,
wo es zum Aufzug ging. Ich drückte auf den Knopf.
Endlich kam er. Zum Glück war er leer.
Ich drückte auf „Erdgeschoss" und
der Fahrstuhl rauschte alle 39 Stockwerke runter ohne anzuhalten.
Von dort gingen wir durch die Eingangshalle
und dann weiter zum Hauptgebäude der UNO,
das direkt gegenüber dem Hochhaus lag.

In dem großen Saal dort musste die Klimakonferenz sein
mit weit mehr als tausend Menschen aus allen Ländern der Erde.
Wie sollten wir aber dort hineinkommen?

Durch den Haupteingang sicherlich nicht.
Hier wurde streng kontrolliert.
Also gingen wir um das Gebäude herum zum Hintereingang.

Dort stand der Übertragungswagen einer Fernsehgesellschaft,
die Aufnahmen von der Versammlung machte.
Die Fernsehleute schauten konzentriert auf ihre Monitore
und so konnten wir unbemerkt durch die Tür gehen,
um dann durch ein paar schmale Gänge bis hinter das Podium zu gelangen,
wo gerade über die Erwärmung der Erde diskutiert wurde.

Wir blieben hinter dem Vorhang stehen und
hörten uns die Diskussion an,
bis es eine Pause gab und
die Leute das Podium verließen.
Ich nahm Koni die Kappe ab,
damit jeder seine komischen Kringel sehen konnte.
Jeder sollte wissen,
da steht kein Mensch vor ihnen,
sondern ein fremdes Wesen von einem anderen Stern.

Die meisten im Saal waren inzwischen aufgestanden und
wollten die Pause nutzen, um einen Kaffee zu trinken
und sich ein wenig die Füße zu vertreten.

In diesem Augenblick kam Koni hinter dem Vorhang hervor.

Er trat selbstbewusst auf die Bühne und

schaltete seinen Hologramm-Laser ein,

mit dem er ein virtuelles Bild von einem Teil der Milchstraße

im großen Saal der UNO entstehen ließ.

Alle sollten sehen, woher er kam.

Dann begann er mit fester Stimme zu sprechen.
„Ich grüße euch, Menschen von dieser Erde!"

Die Kongressteilnehmer,
die gerade den Saal verlassen wollten,
blieben stehen und schauten verblüfft zum Podium.
Spielte ihnen da jemand einen Streich?
War das ein Clown, der sich eine Maske aufgesetzt hatte?

Aber Koni trug keine Maske.
Er sah aber auch nicht wie ein Mensch aus.

Sondern irgendwie anders – ganz anders,
als alles, was man bisher gesehen hatte.
Nach einer kurzen Pause sprach er ernst und ungerührt weiter.
Die Leute hielten ihren Atem an.

„Ich komme von einem kleinen Planeten,
der um den Stern Proxima Centauri kreist.
Er ist vier Lichtjahre von der Erde entfernt."

Er hatte die Position seines Planeten extra so genau angegeben,
damit ihn die Erwachsenen ernst nehmen.
Menschen wollen immer genaue Bezeichnungen und Zahlen.

Die Fernsehleute hatten sofort erkannt,
dass da gerade etwas vollkommen Irres passiert und
ihre Kameras auf Koni gerichtet:
Ein Außerirdischer sprach in der UNO!

Auf dem großen Bildschirm über dem Podium
konnten ihn so alle Teilnehmer genau sehen,
auch alle Menschen weltweit,
die vor ihren Fernsehgeräten saßen.
Das war kein Mensch, der sich einen Scherz erlaubt hatte.
Das war wirklich ein Außerirdischer.
Alle hörten ihm gespannt zu,
was er zu sagen hatte.

„Die Erde ist ein wunderschöner Planet.
Wirklich!
Ich bin viel herumgekommen im Weltall,
aber ich habe nirgendwo einen schöneren gesehen.
Ihr müsst die glücklichsten Wesen in der Milchstraße sein,
vielleicht sogar im ganzen Weltall.
Ihr habt hier alles im Überfluss:
Luft zum Atmen,
Wasser zum Trinken und
Nahrung zum Essen.
Aber ihr seid nie zufrieden. Ihr wollt immer mehr von allem.

Ihr macht so viel falsch,
dass es nicht mehr lange dauern wird, bis eure Erde kaputt ist.
Die Luft wird immer schlechter.

Ihr verbrennt zu viel Kohle, zu viel Öl und zu viel Gas und
ihr zerstört eure Wälder.
Die Temperaturen steigen.

Bald wird es so heiß sein, dass ihr hier nicht mehr leben könnt.
Das Eis schmilzt, das Schmelzwasser fließt ins Meer,
der Meeresspiegel steigt und
eure Städte an den Küsten werden in den Fluten versinken.
Eure Not wird bald so groß sein,
dass ihr um das wenige gute Land kämpfen müsst.
Wenn es ganz schlimm kommt, werft ihr Atombomben
auf eure Nachbarn und zerstört die ganze Erde.
Hört auf mit diesem Wahnsinn!
Rettet eure wunderschöne Erde."

Als er das gesagt hatte, ging er langsam von der Bühne und
verschwand hinter dem Vorhang,
wo ich auf ihn gewartet hatte.
Dann gingen wir rasch durch den Seitenausgang
an den Fernsehleuten vorbei, die uns entgeistert anstarrten.

Keiner wagte es, sich uns in den Weg zu stellen.
Wir gingen zum UNO-Hochhaus an den Sicherheitsleuten vorbei
schnurstracks zu den Aufzügen. Ich drückte die Taste.

Während wir auf den Aufzug warteten, sahen wir,
dass viele Menschen in den Eingang drängten,
um Fotos von uns zu machen.

In der Ferne hörten wir eine Sirene.
Das musste die Polizei sein,
die irgendjemand gerufen hatte.

Schließlich kam der Aufzug und ab ging es in den obersten Stock.
Von dort die Treppe hoch,
durch die Tür auf das Dach
und dann in das Raumschiff.
Bevor wir im Himmel entschwanden,
steuerte Koni das Raumschiff am Hochhaus entlang
bis hinunter zum zehnten Stock.

Auf dem Platz darunter hatten sich inzwischen
Hunderte von Menschen versammelt.
Unser Raumschiff schwebte direkt über ihren Köpfen.
Einige fielen vor Aufregung in Ohnmacht.
Ein Besuch von Außerirdischen! Wahnsinn!

Damit die Menschen nicht vollkommen durchdrehten,
schaltete Koni ein Triebwerk für sanfte Starts und Landungen an.
Erst langsam und dann immer schneller ging es nach oben und
schließlich verschwanden wir hinter den Wolken.
Die Menschen starrten mit offenen Mündern
in den Himmel und vergaßen zu atmen.

Wir landeten dort, wo wir am Morgen gestartet waren.

Lange blieben wir schweigend in der Kabine sitzen.

Wir wussten, dass wir uns nie wiedersehen würden.

Der Planet, auf dem Koni lebt,

ist einfach viel zu weit weg.

Genauer: viereinhalb Lichtjahre.

Man müsste also viereinhalb Jahre lang so schnell fliegen wie das Licht.

Mit unseren Raumschiffen hier auf der Erde würden wir

Hunderte von Jahren brauchen, bis wir dort wären.

Aber Koni wird mit seinem Ionen-Antrieb

eine Abkürzung durch ein kosmisches Loch nehmen.

In ein paar Tagen ist er dann schon zu Hause.

Er fragte mich, ob sich die Menschen nach seiner Rede ändern würden.

„Sie werden dich sicherlich nicht vergessen und zum Nachdenken kommen,

vor allem, wenn es im Sommer immer heißer wird.

Aber ob sie sich wirklich ändern werden, weiß ist nicht."

„Es gibt Menschen, die sind wie feuerspeiende Drachen", sagte Koni.

„Sie wollen immer mehr, vor allem Macht und Geld, und verbreiten Angst.

Aber dann gibt es auch Menschen, wie du, Mara, und die,

bei denen ich am Amazonas lebte oder Tiere wie der Eisbär oder

mein Freund, der Fuchs.

Wenn ich wieder zu Hause bin, werde ich sehen,
wer überlebt hat: der Drache oder der Fuchs."

„Und ich werde gleich zu Hause den Fernseher anschalten.
Mal sehen, ob man deinen Auftritt in der UNO zeigt.
Wenn meine Eltern wüssten,
dass ich dort hinter der Bühne stand und
nicht in der Schule war, würden sie ausflippen.
Die ist übrigens gerade aus.
Ich muss mich beeilen, damit ich nicht zu spät komme."

„Gut", sagte Koni. „Ich wünsche dir ein gutes und langes Leben
auf deiner schönen Erde."

„Und ich wünsche dir eine gute Reise. Hoffentlich ist dein Freund,
der Fuchs, noch am Leben."

Ich umarmte Koni und kletterte aus dem Raumschiff.
Es hob sich langsam vom Boden ab und
schoss dann rasend schnell in den Himmel.

Ich schaute ihm traurig hinterher und
lief dann schnell nach Hause,
wo meine Mutter schon mit dem Essen auf mich wartete.

„Hast du schon gehört", sagte sie ganz aufgeregt,
„da muss ein Außerirdischer auf dem UNO-Hochhaus gelandet sein.
Dann hat er eine Rede gehalten.
Im Fernsehen wiederholen sie auf allen Sendern,
was er gesagt hat."

„Das war bestimmt irgend so ein Spinner,
der sich als Außerirdischer verkleidet hat", sagte ich und
versuchte ein Grinsen zu unterdrücken.
„Ich hab großen Hunger. Die Schule war heute sehr anstrengend."
Bloß nicht anmerken lassen, dass ich dabei war.

Nach einer Woche unserer Erdenzeit landete Koni
auf seinem kleinen Planeten,
der um den Stern Proxima Centauri kreist.
Als er sich seinem Planeten näherte,
war kein Wald mehr zu sehen.
Er war vollständig abgebrannt.
Nur noch schwarze Asche und Baumstümpfe,
so weit sein Auge reichte.

Als er ausstieg, zog ihm der Geruch von verbranntem Holz in die Nase.
Doch an einigen Stellen kamen Gräser aus dem Boden.
Ein kleines bisschen Grün zwischen all dem Schwarz.

Nirgendwo waren Tiere zu sehen:
keine Vögel, keine Schmetterlinge, nicht einmal Mücken.
Zum Glück war auch der Drache nicht mehr zu sehen!
Aber wo steckte sein Freund, der Fuchs?
Koni lief kreuz und quer über den verbrannten Waldboden und
rief immer wieder seinen Namen.
Schließlich sah er, dass sich die schwarze Asche
an einer Stelle etwas bewegte.

Er lief dorthin und tatsächlich:
Da lugte eine spitze Nase aus der Erde!
Und dann kam ein Kopf zum Vorschein.
Es war der Fuchs!
Zunächst blieb er ungläubig stehen,
doch dann stürmte er auf Koni zu,
sprang an ihm hoch und
schleckte vor Freude sein Gesicht ab.

Koni nahm den Fuchs in seine Arme und streichelte sein Fell,
das struppig und hart geworden war.

Dann setzten sie sich auf die verbrannte Erde und
begannen zu erzählen, was sie erlebt hatten.

„Der Drache hat jeden Tag immer mehr Wald abgefackelt und
die Tiere gefressen, die im Feuer umgekommen sind", erzählte der Fuchs.
„Irgendwann waren aber keine Bäume mehr da,
die er in Brand setzen konnte.
Auch die Tiere waren alle in den Flammen ums Leben gekommen.
Der Drache hatte schließlich nichts mehr zu fressen.
Er wurde immer schwächer,
brach zusammen und ist gestorben.
Der Horror ist nun endlich vorbei."

„Aber als alles tot und verbrannt war,
wie konntest du da überleben?", fragte ihn Koni.

„Ich habe mich in meiner Höhle tief unter der Erde
vor dem Drachen und dem Feuer versteckt.
Nachts, wenn es einigermaßen sicher war,
bin ich rausgekommen und
hab das Fleisch der verbrannten Tieren gefressen,
meist Mäuse, Ratten und Tsülo-Raupen.
(Die gibt es nämlich auf seinem Planeten.)
Als er schließlich tot war,
fraß ich jeden Tag ein wenig Fleisch von seinem toten Körper.
Das war ekelig, aber ich wollte nicht verhungern.

Und du? Was hast du erlebt?"

„Ich habe lange suchen müssen,
bis ich endlich einen Planeten gefunden habe,
wo ich leben konnte",
begann Koni seine Geschichte.
„Dieser Planet heißt Erde.
Wenn man auf ihn zufliegt,
leuchtet er schon von weitem in einem kräftigen Blau,
jedenfalls auf der Seite, auf die die Sonne scheint.
Es ist der wunderbarste Planet,
den du dir vorstellen kannst.
Er ist unglaublich schön.
Im ganzen Weltall gibt es wahrscheinlich keinen schöneren."

„Aber warum bist du da nicht geblieben?", fragte der Fuchs.

„Dieser Planet ist zwar wunderschön.
Die klügsten Wesen, die dort leben,
nennen sich Menschen.
Jedenfalls glauben sie,
dass sie sehr klug sind,
viel klüger als all die Tiere, die auch auf der Erde leben.

Aber in Wirklichkeit sind sie unglaublich dumm,
denn sie merken nicht,
dass sie so, wie sie leben,
ihre Erde unbewohnbar machen.
Wenn sie so weitermachen,
werden sie irgendwann aussterben."

„Wie kann man denn gleichzeitig so klug und
trotzdem so dumm sein?", wunderte sich der Fuchs.

„Es ist etwas, das wir hier nicht kennen, das heißt Geld.
Davon wollen alle Menschen so viel wie möglich haben.
Damit können sie sich alles kaufen,
was sie sich wünschen."

„Aber das ist doch eine schöne Sache, dieses Geld."

„Ja, sicherlich ist Geld ganz prima,
wenn man genug davon hat.
Aber wenn Menschen an Geld kommen möchten,
vor allem an viel Geld,
können sie sehr brutal werden und blind dafür,
was sie anrichten."

„Was machen sie denn dann?"

„Sie töten jeden Tag Millionen von Tieren,
um sie zu essen.
Oder sie brennen Wälder ab,
wo die Tiere leben,
ganz so, wie der Drache hier bei uns.
Die Bäume fehlen dann, um die Luft sauber zu halten."

„Aber warum wird die Luft denn schmutzig?", fragte der Fuchs.

„Die Menschen reisen mit Autos, Flugzeugen und Schiffen,
die Öl verbrennen, nicht mit Raumschiffen,
die mit Laser und Anti-Materie fliegen.
Außerdem verbrennen sie Kohle und Gas
in ihren Häusern und den Fabriken,
weil sie Strom für die Maschinen und
das Internet brauchen und es warm haben möchten,
wenn es im Winter kalt wird.
Die verbrannte Kohle, das Öl und
das Gas verpesten ihre Luft.
So wird es immer wärmer dort.
Das viele Eis, das in Grönland und am Südpol liegt,
schmilzt bei höheren Temperaturen.
Das Eiswasser fließt ins Meer und das Wasser steigt und steigt.
Es dauert nicht viel mehr als hundert Jahre,
bis ihre riesigen Städte an den Küsten im Meer versinken."

„Gibt es denn niemand, der etwas dagegen tut?", fragte ungläubig der Fuchs.

„Kinder und junge Leute sehen zwar,
was die Erwachsenen alles falsch machen.
Einige protestieren auch.
Aber die meisten Erwachsenen wollen sich nicht ändern.
Sie denken nicht an die Zukunft der Erde.
Sie leben von Tag zu Tag und
denken an das Geld,
das sie verdienen können.
Die Zukunft der Erde ist ihnen egal."

„Lass uns über etwas anderes sprechen", sagte der Fuchs,
„sonst werde ich noch ganz traurig.
Die Erde ist Lichtjahre von uns entfernt.
Wir müssen erst einmal sehen,
dass unser kleiner Planet wieder in Ordnung kommt."

„Ja, du hast recht. Fangen wir hier an.
Aber warte mal, ich habe etwas mitgebracht."

Koni ging zu seinem Raumschiff und
holte die Pflanzen aus der Kabine,
die er am Amazonas ausgegraben hatte.
Er zeigte sie dem Fuchs, der daran schnupperte.

„Diese Pflanzen werden mal große Bäume.
Wir setzen sie hier an deinem Bau in die Erde."

Der Fuchs fing sogleich mit seinen Pfoten an, Löcher zu graben,
damit Koni die Pflanzen hineinstecken konnte.

„Bald werden wir wieder einen Wald haben."

„Ja", sagte Koni, „einen Wald, auf den wir gut aufpassen müssen,
damit er nicht noch einmal zerstört wird."

Aber bevor er mit dem Pflanzen der Bäume begann,
setzte er die Sonnenblume in den verbrannten Boden.
Sie war so schön, dass Koni und der Fuchs
das Böse vergessen konnten.